KB204509

디오그네투스에게

ΠΡΟΣ ΔΙΟΓΝΗΤΟΝ

Translated with introduction and notes by
SYE Kong-Sek

디오그네투스에게
2010년 7월 초판
옮긴이 · 서공석 | 펴낸이 · 이형우

등록 · 1962년 5월 7일 라15호
718-806 경북 칠곡군 왜관읍 왜관리 134의 1
왜관 본사 · 전화 054-970-2400 · 팩스 054-971-0179
서울 지사 · 전화 02-2266-3605 · 팩스 02-2271-3605
www.bundobook.co.kr

ISBN 978-89-419-1008-4 03230
값 6,000원

2세기 무명 교부의 신앙 해설

디오그네투스에게

서공석 역주 · 해제

분도출판사

【일러두기】

1. 성경 인용문은 『200주년 신약성서』(분도출판사 1998)를 따르되 드물게 문맥에 따라 조금씩 다듬었습니다.
2. 교부 시대 인 · 지명은 『교부학 인명 · 지명 용례집』(하성수 엮음, 분도출판사 2008)을 따랐습니다.

머리말

이 문헌은 이름이 알려지지 않은 2세기 후반의 한 신앙인이 그리스도 신앙을 요약·설명한 것입니다. 저자와 저작 연대에 대해서는 '해제'에서 자세히 설명하였습니다.

신약성경에 수록된 복음서와 서간들은 1세기에 저술되었습니다. 신앙인이 증가하면서 3세기 말부터 예수 그리스도에 대한 이설異說을 필두로 성령에 대한 이설이 유포되고, 4세기 니케아 공의회부터 교의敎義 표현들이 발생합니다. 그리스도 신앙을 왜곡

하는 이설들로 말미암은 혼선을 피하기 위해 교회는 공의회를 열어 문제를 토의하고 이설을 반박하며 교의를 의결 · 확정하였습니다.

이렇게 확정된 교의를 바탕으로 교회 공동체들은 신앙의 각 주제를 해석하고, 그것을 '교리'라 불렀습니다. 이설이 등장한 당대 신앙인에게 요구된 올바른 신앙 체험을 요약한 것입니다. 이설은 그 시대에 통용되던 언어를 바탕으로 발생한 것이기에, 그것을 반박하고 수정하는 교리 언어에도 그 시대에 통용되던 개념이 들어 있습니다. '예수 그리스도라는 하나의 위격에 신성과 인성이라는 두 본성'을 긍정하는 교리나, '성부 · 성자 · 성령이라는 세 분의 위격이 한 분이신 하느님'을 의미한다는 삼위일체 교리를 예로 들 수 있습니다. '위격 · 신성 · 인성' 등이 모두 그 시대에 통용되던 철학 개념입니다. 한 시대가 사용하던 언어를 근거로 이설이 발생했을진대, 그것을 반박하는 교리 언어도 그 시대의 문화적 표현을 사용할 수밖에 없었습니다.

오늘 독자들 앞에 내놓는 이 문헌은 교리 언어들이 발생하기 전, 그리고 교회가 조직체로서 교계 제도의 경직성 안에 자리 잡기 전, 신약성경에 요약된 그리스도 신앙 체험을 소개합니다. 우리는 이 문헌에서 그리스도 신앙 체험이 어떤 기쁨과 자유를 제공하는지 읽을 수 있습니다. 그리스도 신앙은 상선벌악賞善罰惡이라는 인과응보의 원리를 기준으로 살라는 것도 아니며, 하느님에게 빌고 바쳐서 많은 것을 얻어내는 기복祈福의 수단도 아닙니다. 경직된 제도 안에서 순종하며 사는 길도 아닙니다.

이 번역본은 본디 광주 대건신학대학(현 광주 가톨릭대학교)이 발간하던 『신학전망』 20호(1973년 3월)에 게재된 것입니다. 애초에 이 문헌을 분도출판사의 '교부문헌총서'에 포함시킬 요량으로 번역문을 그리스어 대역본에 적합하게 다듬었습니다. 그러나 총서로 엮기에 충분한 분량도 아니려니와, 전문 학자뿐 아니라 그리스어에 익숙하지 않은 일반 신자도 초기 신앙 체험에 두루 손쉽게 다가갈 수 있기를 바라는 마음에서, 소책자 형태로 출간하게 되었습니다. 애써 주신 모든 분께 고마움을 전합니다.

2010년 6월
서공석

ΠΡΟΣ ΔΙΟΓΝΗΤΟΝ

본문 _ 39

Π Ρ Ο Σ　Δ Ι Ο Γ Ν Η Τ Ο Ν

해제

1. 문헌의 유래

1592년 앙리 에티엔느Henri Estienne가 '디오그네투스에게 보낸 편지'라는 제목으로 번역·출간함으로써 처음으로 알려진 이 문헌은, 짧지만 당대 신학계의 비상한 주목을 받았다. 『그리스 그리스도교 문학사』를 집필한 퓨에크는 이 문헌을 "섬세하고 우아하며, 감정에 호소하는" 글이라고 평가하였다.[1] 2세기 호

[1] A. PUECH, *Histoire de la littérature grecque chrétienne*, t. II, Paris 1928, 217-8.

교론뿐 아니라, 고대 그리스도 신앙이 낳은 문헌 가운데 '주옥 같은'[2] 글이라는 평가도 받고 있다. 『브리태니커 백과사전』은 "그리스도 신앙에 관한 한, 신약성경을 제외하고 이 책만큼 현대인의 마음에 감동을 주는 저술은 없다"[3]고 단언한다.

이 문헌의 사본이 처음 발견된 것은 15세기 초 콘스탄티노플Constantinopolis의 어느 생선 가게 헌 종이 꾸러미에서였다. 그리스어를 공부하기 위해 콘스탄티노플에 왔던 프랑스의 젊은 학도가 이것을 헐값에 사서 도미니코회 소속 어느 신학자에게 넘겨준 것이 유럽 사회에 이 문헌이 소개되는 계기였다. 그 후 이 사본은 프랑스 스트라스부르Strasbourg 시립 도서관에 보관되어 있다가, 1870년 전쟁 때 소실되고 말았다. 불행 중 다행으로, 이미 여러 사람에 의해 거듭 연구되고 출판된 후였다.

---

[2] I.M. SAILER, *Der Brief an Diognetus, eine Perle des christlichen Altertums, in Briefe aus allen Jahrhunderten* ⋯, Bd. I, München 1800, 37.

W. HEINZELMANN, *Der Brief an Diognet, die Perle des christli-chen Altertums,* übersetzt und gewüdigt, Erfurt 1896.

[3] H.B. SWETE, Diognetus (Epistle to), in: *Encyclopeia Britannica*, vol. VII, 395.

2. 문헌의 저자와 독자

저자 · 연대 · 집필 동기 등에 대한 논의가 무성하지만 아직 해결되지 못한 문제가 많다. 리옹의 이레네우스Irenaeus Lugdunensis(130/40~200/202경), 로마의 히폴리투스Hippolytus Romanus(185 이전~235), 알렉산드리아의 클레멘스Clemens Alexandrinus(160경~215 이전) 같은 2세기 교부들의 저서와 상당 부분 유사하나, 이 문헌에 대한 다른 교부들의 언급이 전혀 없어 연구자들을 당황하게 하였다. 저자에 대한 추측은 구구하나 정설은 없다. 2세기에서 3세기 초 사이에 저술된 문헌이라고 추정할 뿐이다.

서두에 등장하는 인물 '디오그네투스'에 대해서도 많은 연구가 있었으나 아무런 결과를 얻지 못하였다. 저자가 '*κράτιστος*'(여기서는 '귀하'로 번역했다)라는 존칭을 사용하고 있는 것으로 미루어, 행정 관리 정도의 인물일 거라고들 추측할 뿐이다.

이 문헌이 '디오그네투스에게'라는 이름으로 알려진 것은 이를 처음 출간한 출판업자 앙리 에티엔느가 '디오그네투스에게 보낸 편지'라는 제목을 붙였기 때문이다. 그러나 본문의 호칭은 '디오그네투스에게'가 아니라, '디오그네투스 귀하' 혹은 '디오그네투스 님'으로 번역해야 마땅할 것이다. 고대 문헌에서는 저작을 헌정하는 뜻으로 호칭을 사용한다. 루가복음서의 저자는 "존귀하신 데오필로 님"(1,3)이라는 호칭을 사용하였고, 사도행전에서는 "데오필로 님"(1,1)이라는 호칭을 사용하여 문헌을 헌정하고 있다. 이런 헌정 양식은 교부들에게서도 확인된다. 히폴리투스는 저서 『그리스도와 반그리스도론』을 이렇게 시작한다. "나의 친애하는 형제 데오필로 님, 귀하는 내가 이미 귀하에게 대략적으로 열거한 명제들을 설명해 줄 것을 나에게 청하였습니다." 그러나 우리는 그 저서를 편지라고 부르지 않는다.

이 문헌은 그리스도 신앙에 대한 디오그네투스의 질문에 대답하는 양식으로 기록되었다. 저자는 그 질문을 서두에 요약한다. 그리스도 신앙이 행하는 경신敬神 행위, 세상에 대한 신자들의 무관심, 죽음에 임하는 그들의 태도, 다른 종교에 대한 거부, 그리스도 신앙인의 형제애, 그리스도 신앙이 역사 안에 늦게 나타난 이유 등이 질문 내용으로 요약되어 있다. 사실 이것은 저자가 이 저서에서 다룰 주제를 나열한 것으로, 그 시대에 흔히 쓰인 양식이다. 그리고 이런 주제는 당시에 호교론을 집필한 교부들이 공통적으로 취급한 것들이다.

3. 문헌의 일반적 성격

이 문헌은 호교론이면서 신앙을 권고하는 양식으로 기록되어 있다. 이 문헌의 주제들은 서기 100년에서 120년 사이에 나타나서 2세기 교부들에게 만연된 호교론에서 주로 발견된다. 「베드로의 설교」[4]를 비롯하여 2세기부터 3세기 초까지의 호교서 저자들을 거명하면, 아테네의 콰드라투스Quadratus Athenaeus(2세기), 아테네의 아리스티데스Aristides Athenaeus(2세기), 유스티누스Iustinus(100/10경~165), 타티아누스Tatianus(120경~172 이후), 밀티아데스Miltiades(2세기), 히에라폴리스의 아폴리나리스Apollinaris Hierapolitanus(390~395 재

[4] 이 문헌의 원본은 분실되었지만, 알렉산드리아의 클레멘스의 저서에 부분적으로 보존되었다.

임), 사르데스의 멜리톤Melito Sardensis(† 190 이전), 아테나고라스Athenagoras(† 180경), 안티오키아의 테오필루스Theophilus Antiochenus(† 181/88), 미누키우스 펠릭스 Minucius Felix(2/3세기), 테르툴리아누스Tertullianus(160경~220 이후), 알렉산드리아의 클레멘스Clemens Alexandrinus(160경~215 이전), 알렉산드리아의 오리게네스Origenes Alexandrinus(185경~254), 카르타고의 키프리아누스 Cyprianus Carthaginensis(200/10경~258) 등을 들 수 있다.[5]

3세기 이후 교부들의 호교서에도 같은 주제들이 반복 · 발전한다. 가령, 아르노비우스Arnobius(250 이전~310경), 락탄티우스Lactantius(250경~325), 알렉산드리아의 아타나시우스Athanasius Alexandrinus(295/ 300~373), 알렉산드리아의 키릴루스Cyrillus Alexandrinus(370/80경~444), 마그네시아의 마카리우스Macarius Magnesiae, 펠루시움의 이시도루스Isidorus Pelusius(360경~431 이후), 키루스의 테오도레투스Theodoretus Cyrensis(393~460) 등의 호교서들이다. 이런 저술들에 나타나는 호교론적 주제들이 「디오그네투스에게」라는 오늘 우리의 문헌

[5] H.R. Drobner, *Lehrbuch der Patrologie*, Freiburg i.Br.: Herder 1994 (하성수 옮김 『교부학』 분도출판사 2001, 143-68) 참조.

에서도 반복되는데, 특히 120년에서 200년 사이의 초기 문헌들과 유사점이 많다는 사실을 비평가들은 지적한다.

초기 호교론에는 그리스도 신앙을 설명하면서 동시에 신앙에 입문할 것을 독자에게 권고하는 공통된 특징이 있다. 2세기 호교서 저자들은 다들, 그리스도 신앙을 방어하는 것은 곧 사람을 참다운 신앙으로 초대하기 위한 것이라고 믿고 있었다. 그러나 다른 2세기 호교 교부들의 문헌과 비교할 때 「디오그네투스에게」는 참다운 신앙으로 초대한다는 점에서 그 강도가 다른 문헌들의 추종을 불허한다. 신앙을 왜곡하는 종교적 · 비종교적 모든 이론과 실천을 반박한 다음, 저자는 자연스럽게 참다운 신앙으로 독자를 초대하고 있다.

4. 문헌의 내용 해설

이 호교론은 고대 그리스도 신앙을 증언하는 문서로서 주목을 받는다. 다른 교부들의 호교론에 비해 간략하지만 문장이 대단히 우아하다. 이 세상과 인류 역사에서 그리스도 신앙인이 담당해야 할 역할에 대한 저자의 표현은 다른 교부들의 그것과 비교될 수 없을 정도로 명료하면서도 기쁨에 차 있다. 그야말로 주옥과 같은 글이다.

저자는 상대를 설득시키기보다는 간절한 마음으로 내면과 영혼에 호소하고 권유하면서 감화시키려고 노력한다. 다른 호교론과 달리, 이 문헌에는 예수 부활 문제가 전혀 언급되지 않는다. 성경의 중요성에 대해서도 일체 함구한다. 사실 저자는 성경에 정통했다. 바울로 사도의 서간에서 직접 인용한 것은 딱 두 번뿐이지만, 바울로의 표현을 인용 없이도 자유자재로 구사한다. 저자는 바울로 사도의 표현을 자기 문체 안에 온전히 동화하여 자기 언어로 삼았다. 이 작품 V장 11절부터 16절까지의 표현은 바울로 서간의 다음 구절에 다 농축되어 있을 정도다.

> [우리는] 죽은 자 같으나, 보시오, 우리는 살아 있습니다. 처벌을 받은 자 같으나 처형되지 않았습니다. 슬퍼하는 자 같으나 늘 기뻐합니다.

가난한 자 같으나 많은 이를 부요하게 합니다. 아무것도 가지지 않은 자 같으나 모든 것을 차지하고 있습니다. 고린토인 여러분, 우리 입은 여러분을 향해 열려 있으며 우리 마음은 넓습니다(2고린 6,9-11).

우리는 그리스도를 위해 어리석은 자들이지만 여러분은 그리스도 안에서 영리한 사람들입니다. 우리는 약하지만 여러분은 강하며 여러분은 영예롭지만 우리는 천대받습니다(1고린 4,10).

[우리는] 욕을 먹으면서도 축복해 주고 박해를 받으면서도 견디어 내며 비방을 당하면서도 좋은 말로 대해 줍니다. 우리는 세상의 쓰레기처럼, 모든 이의 찌꺼기처럼 되었고 지금도 그렇습니다(1고린 4,12).

호교와 선교라는 두 주제를 병행 · 발전시켜 나가는 이 문헌을 올바로 이해하고 해설하기 위해, 편의상 네 부분으로 나누어 고찰하자.

1. 이교도와 유대인에 대한 호교론 (I–IV).

2. 세상에 사는 그리스도 신앙인의 역할 (V–VI).

3. 호교론의 긍정적 부분인 간략한 교리 해설 (VII–IX).

4. 마지막 권고 (X–XII).

4.1. 이교도와 유대인에 대한 호교론 (I~IV)

저자는 II장에서 IV장에 걸쳐 이교도의 우상숭배와 제사, 유대인의 제사와 의식 고수를 통렬히 비난하면서 그리스도 신앙의 우월성을 강조한다. 그러나 그 문체나 내용은 독창적이라기보다는 당대 다른 호교론들이 말하는 바를 반복하고 있다는 인상을 준다. 저자가 스스로 흥미를 가지고 자기 방식으로 발전시키지 않았다는 말이다. 그는 이 부분에서 세 번에 걸쳐, 길게 말할 필요와 의욕을 느끼지 않는다고 실토한다(II,10; IV,1; IV,6). 이미 다른 저자들이 길게 논한 주제들이라는 말로 들린다.

저자는 유대인의 제사와 의례에 관해 단순한 이론을 성급하게 제시하고 있다. 그가 우상숭배를 비난하는 어조는 그리스도 교회 안에 이미 발생하고 있던 성상 숭배의 의미를 근본적으로 부정하는 것으로 해석될 수 있다. 유대인의 제사 의례에 대한 저자의 비판도 교회 안에 이미 발생한 성체성사의 제사적 해설을 부인하는 논리로 역이용될 수 있다. 뿐만 아니라 유대인의 축일과 계절에 따른 의례에 대한 비판도 그리스도 교회의 축일과 전례 시기의 구분을 비난하는 언어로 해석될 수 있다. 저자의 성급한 어조와 단순한 논리가 일으킬 수 있는 부작용들이다.

4.2. 세상에 사는 그리스도 신앙인의 역할 (V~VI)

V장과 VI장은 문체와 사상으로 보아 이 문헌의 백미라 하겠다. 문장 구사에 다양한 기교를 보이며, 운율 있는 어조와 서정적이고 감상적인 표현은 저자의 수사학적 능력을 엿보게 한다. 단순한 문체와 다양한 표현과 율동감과 박진감 넘치는 어조로 저자가 묘사하는 것은, 그리스도 신앙인의 현세 생활이 지닌 의미와 그 깊은 신비다.

유대인과 달리 그리스도 신앙인은 이 세상에서 특별한 언어, 의복, 거주 지역과 관습을 가진 특수 민

족이 아니다. 그리스도 교회는 이 세상에서 하나의 고립된 집단이 아니라, 모든 사람에게 열려 있는 보편적 종교 집단이다. 수는 적지만 그리스도 신앙인은 전 인류 안에 흩어져 살고 있다. 그들은 자신이 몸담고 있는 사회에 대해 어떠한 권리도 주장하지 않는다. 그리스도 신앙인은 그 사회의 잘못된 악습은 단호히 거부하지만, 기존의 사회법은 준수한다. 그리스도 신앙인은 모든 사람과 더불어 살아가지만, 세상사를 초월하여 하느님에 대한 신앙과 하느님 나라에 대한 희망을 품고 산다. 그리스도 신앙인은 이 세상이라는 무대에 살되 이 세상을 위한 그들의 사명은 막중하다.

저자는 그리스도 신앙인의 존재를 플라톤주의의 이원론적 인간관, 즉 영혼과 육신이라는 개념을 빌려 설명한다. 이것은 저자의 중심 사상이기도 하거니와 이 문헌이 출간되기 무섭게 널리 알려지게 된 원인이기도 하다. 그리스도 신앙인은 그들 자신의 행복과 영적 발전만을 위해 존재하지 않고, 타인과 세상을 위해 존재한다. 그들은 자신의 구원만을 추구하지 않고, 하느님이 허락하신 위치에서 세상의 구원을 위해 자기 역할을 충실히 수행하는 가운데 자신의 존재 의미를 찾는다.

이것은 그리스도 신비체의 우주론적 의미에 관한 바울로 사도의 사상(로마 12,4 이하; 1고린 12,12-27)을 해설하는 것이다. 이 사상은 복음서가 전하는 예수의 산상설교 중, '세상의 소금'과 '세상의 빛'(마태 5,13-16)으로 상징되는 그리스도 신앙인의 사명이기도 하다. 이 부분에 대해 많은 사람이 다른 교부들과 비교해 가며 이 문헌을 연구하였다. 그 주제와 사상은 2세기와 3세기 교부들의 저서에서도 발견되나, 그 시적詩的 구성이나 문장 유형은 우리 저자의 독창적 창작이라고 그들은 결론지었다.[6]

4.3. 호교론의 긍정적 부분인 간략한 교리 해설 (VII~IX)

저자는 VII장부터 IX장까지 신앙 내용을 간결하게 해설한다. 디오그네투스가 저자에게 한 질문에 답하는 방식이다. 저자는 일찍이 디오그네투스가 자기에

---

[6] H.I. MARROU, *A Diognète*, Sources Chrétiennes, n°33 bis, Paris 172-4 참조.

게 한 질문이라고 소개한 바 있다. 그리스도 신앙인이 믿는 신은 어떤 분이며 신앙인은 왜 죽음을 두려워하지 않는가? 그리고 계시는 왜 그렇게 늦게 주어졌는가? 저자는 무엇보다, 그리스도 신앙이 계시된 종교라고 말한다. 저자가 하느님에 대해 설명할 때 '아버지'와 '아들'은 거론하지만, '성령'에 관해서는 한 번도 언급하지 않는다. 여기서는 신경信經 전체를 해설하는 것이 아니기에, 성령에 대한 그의 침묵을 굳이 문제 삼을 필요는 없겠다. 교의의 역사를 통틀어 성령에 대한 명백한 언급은 4세기 아리우스의 이설을 겪은 후부터 나타난다는 사실을 고려해야 한다. 저자는 '예수'라는 이름도, '그리스도'라는 호칭도 사용하지 않는다. 그는 성자를 '진리', '말씀', '아들' 등으로 부를 뿐이다. 이것은 2세기와 3세기 교부들의 호교서에 공통적으로 나타나는 현상이다.

아버지와 아들

저자는 아버지와 아들에 대한 호칭과 역할을 혼동한다고 오해받을 수 있을 정도로 두 분의 일체성을 강조하는 표현들을 사용하고 있다. IX장 6절은 "그분 안에 양식을 주시는 분, 아버지 · 스승 · 조언자 · 의사 · 인식 · 빛 · 명예 · 영광 · 힘 · 생명 등을 발견"해야 한다고 말하는데, 여기 '그분'이라는 대명사는 아버지인지 혹은 아들인지 알 수가 없다. '양식을 주시는 분'과 '아버지'는 아들에게 적용될 수 없으며, '스승' · '조언자' 등은 아버지를 말하기 위해 사용되지 않는다. 여기서 저자가 아버지와 아들에 대해 호칭들을 혼동하고 있다고 결론짓기보다는, 당시 교부들이 세 분, 곧 아버지 · 아들 · 성령께서 공동으로 외적ad extra 활동을 하신다고 믿었던 데서 비롯된 표현들의 혼용이라고 이해해야 할 것이다.

구원의 기쁜 소식

구원 경륜救援經綸에 대해 저자는, 그것은 하느님의 사랑과 자비가 하신 일이며 우리가 미처 예기치 못하였던 큰 은혜라고 강조한다. 그러나 그는 하느님의 분노에 대해서는 침묵을 지킨다. 이 점도 초기 그리스도 신앙 전통의 기조基調라고 생각해야 한다. 예수의 가르침은 당시 사람들에게 기쁜 소식이었다. 그 기쁜 소식을 이어받은 것이 그리스도 신앙이다.

하느님은 “과거에도 현재에도 미래에도 도움을 주시는 분, 선하고 온유하신 분, 참되신 분이며, 홀로 그 분만이 선하시다”(VIII,8). “하느님은 우리 생명이 하느님의 선하심을 힘입어 고귀한 것이 되도록 하시려고, … 하느님의 권능을 힘입어 하느님 나라에 들어갈 수 있도록 하시기 위해”(IX,1) 당신 아들을 보내시어 지금의 시기가 있게 하셨다고 말한다.

원죄

저자는 창세기가 말하는 원조의 범죄를 인류가 범한 죄의 기원으로 언급하지 않는다. 저자는 인간이 하느님의 모상으로 창조되어 이성理性을 받았으나 사람들은 죄짓고 타락하였으며, 영원한 죽음의 벌을 받아 마땅한데도 하느님은 당신의 아들을 구세주로 파견하셨다고 말하고 있다. 저자는 구속救贖의 필요성을 아담의 죄와 결부시키지 않는다. 인류가 그 죄로 말미암아 구원받을 수 없게 되었다고 말하지 않는다. 인류가 구속을 필요로 하는 것은 인류가 지은 죄 때문이라고 그는 믿고 있다. 이 사상은 그리스 교부들에게 공통된 것이고 우리에게 시사하는 바가 적지 않다. 강생과 구속에 대한 저자의 설명은 추상적이다. 그러나 그는 성경의 사화史話들을 역사적 사실로 만들어 그것들이 지닌 상징적 의미를 잃게 하거나, 그 이야기들을 강생과 구속의 원인으로 삼기를 꺼린다.

구원인 계시

저자는 하느님의 아들이 구세주이면서 동시에 말씀이고 진리(VII,2)라고 한다. 하느님의 계시啓示는 곧 인류의 구원이라는 것이다. 그는 예수 그리스도의 가르침이 없었으면, 인류는 하느님에 대해 알 수 없었다고 말한다. 하느님에 대한 자연 인식도 불가능하다고 본다. "하느님이 스스로 오시기 전에 그분이 어떤 분인지를 안 사람이 있었습니까?"(VIII,1). "인간은 아무도 하느님을 보지도, 알지도 못하였으나, 하느님이 스스로 당신 자신을 나타내셨습니다"(VIII,5). 구약성경이 전하는 예언자들의 활동도 하느님을 제대로 보여 주기에는 충분하지 못하였다고 저자는 말한다.

하느님 나라

예수 그리스도께서 오시자 그리스도 신앙인은 인류 역사 안에 새로운 시기를 살게 되었다. 그들은 하느님 나라에 어떤 양식으로 이미 참여하고 있다. "하느님이 당신이 사랑하시는 아들을 통해서 처음부터 준비하신 바를 나타내시자 우리는 그 은혜를 받았고, 보고 알아듣는 모든 혜택을 동시에 받게 된 것입니다"(VIII,11). 그래서 그리스도 신앙인은 하늘나라의 불멸의 운명을 이 세상 안에서 종말론적으로 살고 있다. "불사불멸의 영혼이 죽을 운명의 장막 안에 살고 있듯이, 그리스도 신앙인 역시 하늘나라의 불멸의 운명을 기다리면서 썩어 없어질 세상 안에 살고 있습니다"(VI,8).

신앙

이 참여를 가져다주는 것이 신앙이다. 신앙은 하느님을 알게 해 준다. 신앙은 "하느님을 뵐 수 있는 특권을 주는 유일한 길"(VIII,6)이다. "하느님은 과거에는 우리 본성의 무능함이 생명을 얻지 못한다는 사실을 깨닫게 해 주셨고, 현재는 우리에게 불가능하던 구원을 줄 권능을 가진 구세주를 나타내 보이셨습니다. … 이 신앙을 열렬히 원하고 받아들인다면, 하느님이 아버지라는 사실을 차츰 알아듣게 될 것입니다”(IX,6-X,1). 신앙은 하느님을 아버지라 부르면서 아들이신 예수를 배워서 말씀이 우리 안에 살아 있게 하는 길이다.

순교자

저자는 사실을 증거하는 사람이 순교자라고 말한다. “신앙인을 야수에게 던지지만, 그들이 배신하지 않는 것을 … 순교자를 많이 내면 낼수록 다른 한편으로 그리스도 신앙인이 늘어나는 사실도 보지 않으셨습니까? … 이런 일은 사람이 하는 일이라고 생각할 수 없습니다. 그것은 하느님의 권능이 하시는 결과이며 그분이 이 세상에 오셨다는 사실을 증명하는 것입니다”(VII,7-9). 디오그네투스가 저자에게 한 질문에는 죽음을 무서워하지 않는 그리스도 신앙인의 심리를 이해할 수 없다는 대목이 있다. 저자는 그 문제에 대해 상대방을 설득하려는 호교론적 입장을 취하지 않는다. 그는 인간의 그런 심리 안에 나타나는 하느님의 힘을 보라고 권한다. 저자는 X장 7-8절에서 순교자들에 대해 한 번 더 설명한다.

그리스도 신앙이 늦게 나타난 이유

"그리스도 신앙은 왜 그렇게 늦게 나타났는가?"라는 디오그네투스의 질문은 2세기 이교도들이 그리스도 신앙의 가치를 부인하기 위해 흔히 사용한 논리를 반영한다. 그들이 그리스도 신앙에 대해 제기하는 이 반론은 그리스도인이 아직 극소수였던 2세기 교회에는 심각한 문제였다. 오래된 전통일수록 가치 있는 것이라 믿던 그 시대에 그리스도 신앙의 새로움은 전통의 권위를 약화시키는 데 이용되었다. 여기에 맞서서 많은 교부가 그리스도 신앙의 기원이 구약성경 안에 있다는 사실을 거론하였다. 대표적인 것이 유스티누스의 호교론이다.[7]

그리스도 신앙을 반박하는 당시의 또 다른 논리는, 선하신 하느님이라면 구원에 대해 좀 더 일찍 계시하지 않고, 왜 그렇게 오랫동안 기다렸느냐는 것

---

[7] J. DANIÉLOU, *Message Evangélique et Culture Hellénistique aux IIe et IIIe siècles*, Paris 1961, 147-56.

이었다. 저자는 디오그네투스의 질문이 그런 논리에서 나온 것이라 생각하고, 두 가지로 대답한다. 구원 경륜은 영원으로부터 세워진 하느님의 계획이었지만, 그 실현 시기는 하느님 안에 감추어진 신비였다. 그리고 하느님은 절대자이시기 때문에 그 안에 아무런 악의도 있을 수 없고, 그분은 우리가 비난할 수 있는 대상이 아니라는 것이다. "그분은 과거에도 현재에도 미래에도 도움을 주시는 분, … 홀로 그분만이 선하십니다"(VIII,8). 그분은 위대한 계획을 세우셨다(VIII,9). "우리의 행업行業이 우리가 받은 생명의 가치를 상실하게 한다는 사실이 입증되자, 하느님은 우리 생명이 하느님의 선하심을 힘입어 고귀한 것이 되도록 하시려고 … 의로움이 지배하는 현재의 시기를 마련하셨습니다"(IX,1).

이 문제에 대해 오리게네스[8] 같은 교부는 구원을 위한 교회는 영원으로부터 있었다고 말함으로써 이 문제에 대한 대답을 시도하였지만, 그 이론은 강생의 의미를 약화시키고, 구세사적 시간의 개념을 상

---

[8] *Contra Celsum* IV,7-8. Sources Chrétiennes, n°136, 203-7.

실하게 하는 결과를 초래하였다. 이 문제에 대해 이레네우스는 교육적 이유에서 기다림의 시간이 필요하였다고 말한다.[9] 하느님은 모든 사람이 구원을 위한 당신의 복음을 알아들을 수 있을 때까지 기다리셨다는 것이다.

문제 해결을 위한 이런 노력을 배경으로 저자는 새로운 해결책을 제시한다. 하느님이 오랫동안 기다렸다는 것은 하느님이 인간을 버렸거나 무관심하였기 때문이 아니다. "하느님이 크신 사랑뿐 아니라 인내로, 사람을 위해 당신 스스로를 나타내 보이신" 것이다(VIII,7). "하느님이 그 계획을 비밀로 하고 계시는 동안 그분이 우리를 소홀히 하신 것 같았고, 우리에 대해 관심을 가지지 않으신 것처럼 보였을"(VIII,10) 것이다. 하느님은 이 기다림으로써 자신의 충만한 사랑뿐 아니라 인내심도 보여 주셨다(VIII,7). "하느님은 우리를 미워하지도 버리지도 않으셨고, 또 원한을 품지도 않으셨습니다. 오히려 그분은 오랫동안 우리를 참고 견디셨습니다. 우리를 불쌍히 여기

[9] *Adv. Haer.* IV,61,1. 참조.

시어 우리의 죄를 당신 스스로 맡아 짊어지셨습니다. 하느님은 당신의 아들을 우리의 대속물代贖物로 주셨습니다"(IX,2). 저자는 이 대답에서 갈라디아서(3장)와 로마서(3장)에 나타나는 바울로 사도의 사상을 간단명료하게 소개한다.

4.4. 마지막 권고 (X~XII)

X장에 들어서면서부터 저자의 어조는 달라진다. 교리를 설명하기보다는 그리스도 신앙인이 지녀야 하는 사랑에 대해 역설하면서, 간곡히 권유하는 어조로 바뀐다. 저자는 이 작품에서 늘 그랬듯이, 이 부분에서도 신약성경을 자유롭게 인용한다. 저자가 성경의 가르침에 충실했음을 알 수 있다. "사랑스러운 자녀답게 하느님을 본받는 사람들이 되시오"(에페 5,1)라는 말씀을 비롯하여, 아래 인용되는 신약성경 구절들을 혼합하여 논리를 전개시킨다. 그리스도 신앙인은 하느님이 우리를 사랑하신 그 사랑으로 이웃을 사랑해야 하며, 이것으로 사람은 하느님과 하나됨이라는 그리스도 신앙인의 성소聖召를 실현한다.

새 계명을 줍니다. 서로 사랑하시오. 내가 그대들을 사랑한 것처럼 그대들도 서로 사랑하시오. 그대들이 서로 사랑을 나누면 모든 사람이 그것을 보고 그대들이 내 제자라는 것을 알게 될 것입니다(요한 13,34-35).

그분이 우리를 위해 당신 목숨을 내놓으셨다는 그 사실로 우리는 사랑을 알게 되었습니다. 그러니 우리도 형제들을 위해 목숨을 내놓아야 합니다(1요한 3,16).

우리가 그분에게서 받은 계명은, 하느님을 사랑하는 이는 형제도 사랑해야 한다는 것입니다(1요한 4,21).

저자가 생각하는 이웃 사랑은 그리스도인에게 요구되는 윤리적 덕목의 의미를 넘어서, 하느님의 자녀되어 그분의 생명을 사는 실존적 의미를 지닌다. "이웃을 탄압하며 약한 자를 짓밟고, 재산을 축적하며, 아랫사람들에게 폭력을 행사하는, 그런 짓이 사람을 행복하게 해 주지 않습니다. 그런 짓을 하며 하느님을 본받는 것도 아닙니다. 오히려 그런 행위들은 하느님의 위엄 안에는 없습니다. 그러나 이웃의 짐을 자기가 대신 지는 사람, 자기의 처지가 다른 사람의 것보다 더 나은 경우에 자기보다 못한 처지에 있는 사람에게 혜택을 베푸는 사람, 자기가 하느님으로부터 받은 것을 이웃이 필요로 할 때 기꺼이 내주는 사람, 이런 사람들은 그 혜택을 받는 사람들 앞에서 하느님 역할을 하는 것이며, 이런 사람들이야말로 진실로 하느님을 본받는 이들입니다"(X,5-6). 하느님의 이름으로 포장한 권위와 우월감, 하느님이 베푸셨다고 주장하며 눈앞의 재물에 애착하는 행위 등은 그리스도 신앙 안에서 설 자리가 없다는 사실을 저자는 지적하고 있다.

하느님을 믿고 그분의 법을 잘 지키고 그분께 잘 바쳐서 잘살아 보겠다는 천박한 생각은 그리스도적이 아니라고 말하는 대목이다. 저자는 복음서들과 바울로 사도의 서간들에 나타나는 그리스도 신앙의 본질을 잘 알고 있다. 대중의 기복적 욕구에 감염되지도 않았고, 교회 공동체 기득권자들이 자기들의 권위를 강화하기 위해 하는 아전인수식 복음 해석이 가미되지도 않은 시기의 신앙 언어다.

XI장부터는 이 문헌의 결론이다. 그러나 저자는 독자를 세례 예비자로 생각하여 권유하는 치밀함도 보인다. 저자는 교회가 강생하신 말씀이 하신 일을 지속시키는 사명을 지녔다는 사실과 교회의 가르침이 곧 사도들의 가르침이며, 교부들이 보존한 신앙 전통은 신앙을 위한 이정표라고 강조한다. 저자는 조직체로서 교회의 성격이나 교계 제도에 대해 아무런 흥미를 보이지 않는다. 그는 교회가 구원을 계시하는 말씀을 이 세상에서 활동하게 하여, 말씀이 사람들 안에 보존되고, 역사적으로 연장되게 하는 특권적 영역이라는 사실을 보여 주기 위해 노력한다.

XII장에서는 참다운 '지식'γνῶσις에 대해 서술한다. 이 지식은 말씀으로 말미암아 그리스도 신앙인이 하느님의 신비와 구원 경륜에 대해 얻는 새로운 이해다. 저자가 당시의 영지주의靈知主義(Gnosticismus)에 물든 것으로 보이지는 않는다. 그는 바울로 사도의 '성숙한 사람들 가운데서 말하는 지혜'(1고린 2,6), '단단한 음식'(1고린 3,2) 등의 표현을 빌려 참다운 지식을 가르치려 한다. 저자는 '지식'이라는 단어를 열 번이나 반복하지만, 영지주의는 일부러 피하고 있다는 인상을 준다. 그는 자기의 가르침이 비전적祕傳的이라고 오해받을까 두려워한다(XI,1). 그리스도 신앙이 특정인들에게만 전수되는 비밀을 가지지는 않았다는 사실과, 가장 은밀한 신비도 모든 사람이 이해할 수 있도록 주어졌다는 사실을 강조한다(XI,5).

저자는 창세기 낙원의 이야기를 배경으로 지식과 생명을 나란히 놓고, 이 둘이 병행해야 한다고 말한다. 그는 바울로 사도의 고린토 전서 8장 1절을 인용하여 지식과 생명을 향상시켜 주는 것은 사랑이라고 결론짓는다. 저자는 '생명'이라는 단어를 요한 복음서와 같은 의미로 사용한다. 그것은 초자연적 생명이며, 동시에 길이요 진리요 생명이신 그리스도다. 이렇게 볼 때 저자가 그릇된 영지주의를 피하면서 바울로 사도의 다채로운 문장을 빌려 힘 있게 가르치고 있다는 사실을 알 수 있다.

번역 대본으로는 Sources Chrétiennes 총서(n°33 bis, 1965)의 그리스어 · 프랑스어 대역본을 사용하였다. 우리말이 다소 어색하더라도 원문에 충실하려고 힘썼다. 신약성경에서 가져온 표현이 많지만 번거로움을 피하기 위해 일일이 적시하지는 않았다.

ΠΡΟΣ ΔΙΟΓΝΗΤΟΝ

⚜

디오그네투스에게

본문

I

디오그네투스의 질문

1. 디오그네투스 귀하

귀하는 그리스도 신앙에 대해 알고자 하는 열성으로 다음과 같은 명백하고 정확한 질문을 해 왔습니다: 그리스도 신앙이 대상으로 하는 신은 어떤 존재인가? 그리스도 신앙인이 바치는 경신敬神 행위는 어떤 것인가? 그리스도 신앙인이 공통적으로 보여 주는 이 세상에 대한 경멸과, 죽음을 두려워하지 않는 마음가짐은 어디에서 오는 것인가? 그들이 그리스인들이 인정하는 제신諸神을 무시하고 유대인들의 미신적 행위도 따르지 않는 이유는 어디에 있는가? 그리스도 신앙인들이 상호 간에 보여 주는 위대한 사랑의 정체는 무엇인가? 끝으로 이 새로운 백성과 이 새로운 생활양식은 왜 이제 와서 발생하였으며 좀 더 일찍 생기지 못하였는가?

2. 귀하의 이런 열성에 저는 경의를 표합니다. 말하고 듣는 것이 모두 하느님의 은혜이니, 귀하를 위해 가장 적절히 표현할 수 있는 은혜를 그분이 저에게 주실 것과, 말하는 제가 슬퍼하지 않을 만큼 저의 말을 귀하가 알아들을 수 있는 은혜를 그분이 귀하에게 내려 주실 것을 빕니다.

II

1. 귀하는 먼저 귀하의 생각에서 모든 편견을 버려야 하고 거짓된 생활에서 벗어나서 이제 갓 태어난 자[1]와 비슷한 새 사람[2]이 되어야 합니다. 귀하가 지금부터 들으려는 것은 귀하도 말한 바와 같이 '새로운' 언어이기 때문입니다. 그리고 귀하가 신神들이라고 부르고 인정하는 실재實在와 그 형상形象들을 눈으로만이 아니라 이성理性으로도 바라보도록 하십시오.

[1] 요한 3,3-7.

[2] 바울로의 표현, 에페 4,22-24; 골로 3,10.

2. 어떤 우상은 사람들이 발로 밟고 다니는 돌이 아닙니까?[3] 또 어떤 것은 우리가 사용하는 집기처럼 동으로 만든 것이 아닙니까? 나무로 만든 것, 그 나무가 벌써 썩어 버린 것, 은으로 만든 것(이것은 도둑맞을까 봐 사람이 지켜야 합니다), 철로 만들어 이미 다 녹슬어 버린 것, 흙을 구워 만든 것, 이런 모든 우상은 우리가 하찮은 일상의 일에 사용하는 물건들보다 더 나은 것도 없지 않습니까?[4] **3.** 모두가 부패할 수 있는 재료로 된 것이 아닙니까? 쇠붙이를 불에 달구어서 만든 것이 아닙니까? 어떤 것은 조각가가, 어떤 것은 주조공이,[5] 어떤 것은 귀금속 공예가가, 또 어떤 것은 옹기장이가 만든 것이 아닙니까? 이러한 기술자들이 신들의 모상模像으로 만들기 전에 그 물질의 형태를 손으로 바꾸었고, 지금도 또다시 그 형태를 바꾸어 놓을 수 있지 않습니까?[6] 이 신들과 같은

[3] 신명 4,28; 이사 44,9-20; 예레 10,3-5.

[4] 지혜 13,11 참조.

[5] 예레 10,3-5.

[6] 로마 9,21; 2디모 2,20.

물질로 만들어진 현재의 다른 기구들도 같은 기술자를 만나면 그들도 신이 될 수 있지 않겠습니까?

4. 그와 반대로 현재 사람들이 신이라고 숭배하는 것들도 사람의 손이 그런 기구로 바꾸어 놓을 수 있지 않겠습니까? 그 신들은 모두 듣지 못하고 보지 못하며 생명도 감각도 없으며, 스스로 움직일 수도 없는 것들이 아닙니까? 모두가 다 썩고 부패하게 되어 있는 것들이 아닙니까? **5.** 이런 것을 사람들은 신이라 불러 흠숭하고 있으며, 결국에는 그들 자신도 그것들과 비슷하게 되고 맙니다.[7] **6.** 사람들은 그리스도 신앙인이 그 우상들을 신으로 인정하지 않는다고 신앙인을 증오합니다. **7.** 그러나 그들은 그 우상을 믿고 숭배한다지만 실제로는 그리스도 신앙인보다 그것들을 더 천대하지 않습니까? 그리스도 신앙인이 아니라 바로 그들이 그것을 능욕하며 냉대하고 있습니다. 보십시오! 사람들은 돌이나 흙으로 만든 우상을 숭배한다면서도 근위병 하나 붙여 주지 않고, 은이나 금으로 만든 우상은 밤이면 자물쇠로 잠

---

[7] 시편 135,15-18; 지혜 15,15.

그고, 낮이면 도둑맞을까 봐 그 옆에 파수꾼을 세워 둡니다.[8]

유혈의 제사에 대하여

8. 만일 그 신들에게 감수성이 있다면, 사람들이 그들에게 바친다고 생각하는 존경도 그들은 불쾌하게 여길 것입니다. 그들이 아무것도 느끼지 못하고 있다는 것은 사람들이 제사에서 흘리는 피와 태우는 기름이 입증해 주고 있습니다. **9.** 그런 존경을 사람들에게 바친다면 그들 중 누가 그것을 참고 견딜 수 있겠습니까? 사람은 감수성과 이성을 가졌기에 아무도 그런 불쾌한 일을 견디어 내지 못합니다. 돌은 감각이 없으므로 그런 것을 견딜 수 있고, 그것은 결국 우상이 아무런 감수성도 가지지 못하였다는 사실을 입증하고 있습니다. **10.** 그리스도 신앙인이 그런 신들을 숭배하기를 거절하는 데 대해서 아직 할 말이 많지만, 이미 말한 것이 충분하지 않다면 더 말해도 소용이 없을 것입니다.

---

[8] 바룩 6,17.

III

유대인의 제사에 대하여

1. 이제부터 그리스도 신앙인의 경신敬神 행위가 유대인의 그것과 어떻게 다른지 말씀드리겠습니다. 귀하가 특히 알고 싶어 하는 것이 바로 이 점이라 믿습니다. **2.** 유대인이 앞서 말한 우상숭배를 하지 않는 것은 그들이 유일하신 하느님을 믿고 그분을 우주의 주인으로 받들어 경배하고 있기 때문입니다. 그러나 만일 그들이 이교도를 본받아, 앞서 말한 바와 같은 경신 행위를 그 하느님께 바친다면 그것은 잘못된 것입니다. **3.** 무감각하고 듣지도 못하는 우상들에게 그런 제물을 바친다면 그리스도인으로서는 상식이 부족한 것이고, 하느님이 그런 것을 필요로 한다고 생각하고 바칠 때, 유대인으로서는 부조리와 불경을 범하는 것입니다. **4.** "하늘과 땅을, 바다와 그 안의 모든 것을 만드신 분",[9] 그분은 우리가 필요로 하는 모든 것을 베푸시는 분이며 그런 것을 바친

---

[9] 시편 146,6.

다고 생각하는 사람에게도 베풀고 계시는 분이기에 그런 제물을 필요로 하시지 않습니다. **5.** 내가 보기에 피나 불타는 고기나 번제燔祭를 하느님께 바쳐 경신 행위를 하고 그런 의례로써 하느님을 공경한다고 생각하는 사람들은, 공경을 받는 줄도 모르는 귀먹은 우상에게 같은 짓을 하는 사람들과 하나도 다를 바가 없습니다. 그것은 아무것도 필요로 하지 않으시는 하느님에게 선물을 드린다는 망상에 사로잡힌 것에 지나지 않습니다.[10]

IV

유대인의 의식 고수에 대하여

1. 음식물에 대한 유대인의 세심한 가림이나 안식일에 대한 미신, 할례로 말미암은 오만, 거짓 겸손, 재齋 지킴과 초승달 축제,[11]▸ 바보스럽고 말할 필요도 없는 사소한 실천들, 이런 것들에 대해 귀하를 가

[10] 사도 17,24-25; 시편 50,8-14; 1사무 15,22.

르칠 필요는 없다고 생각합니다. **2.** 하느님께서 인간이 사용하도록 창조해 주신 사물들 중에 어떤 것은 좋은 것으로 받아들이고, 어떤 것은 아무 소용 없는 것으로 거부한다면, 그런 행동이 어떻게 용납되겠습니까? **3.** 하느님이 선한 일을 하지 못하도록 하신다고 말한다면 불경스러운 것이 아니겠습니까?[12] **4.** 하느님에게 선택받았다는 표시로 살(肉)을 잘라 내고 그것 때문에 하느님의 특별한 사랑이라도 받는 것처럼 자부하는 것은 가소로운 짓이 아닙니까? **5.** 별과 달의 움직임을 바라보고 달과 날을 지키는 것이나, 제 마음대로 하느님의 계획을 말하며 시간의 흐름을 축제나 참회의 날로 정하는 것을 신심의 증거라고 말할 수 있겠습니까? 오히려 어리석은 일이 아닙니까? **6.** 그러므로 그리스도 신앙인들이 유대인의 현명하지 못한 의식주의儀式主義나 교만과 같은 경거망

◂11 민수 28,11-15에 나오는 월초(月初)에 제사를 바치는 축일이다. 유대인은 구약성경 말기까지 이 축일을 지켰고 신약성경에는 골로 2,16에 언급되어 있다.

12 안식일에 대한 유대인의 주장을 비판하는 말. "안식일에 선한 일을 해야 합니까, 악한 일을 해야 합니까?"(마르 3,4).

동과 오류를 피하는 것은 당연합니다. 이 문제에 대해서는 귀하에게 이제 충분히 말씀드렸다고 생각합니다. 그리스도인의 종교는 하나의 신비입니다. 그러니 그것을 사람에게서 배울 수 있다고 생각하지 마십시오.[13]

V

그리스도 신앙의 신비

1. 그리스도 신앙인이라고 해서 다른 사람들과 나라를 달리하는 것도, 언어를 달리하는 것도, 의복을 달리하는 것도 아닙니다. **2.** 그들은 그들만의 고유한 도시에 사는 것도 아니며, 어떤 특수한 언어를 쓰지도 않습니다. 그들의 생활이란 특수한 것이 하나도 없습니다. **3.** 그들의 교리는 정신착란자의 상상이나 꿈이 만들어 낸 것이 아닙니다. 그들은 다른 사람들처럼 인간적 학설을 내세우지도 않습니다. **4.** 그리스

---

[13] 갈라 1,12.

도 신앙인은 각자의 운명에 따라 그리스 혹은 다른 도시들에 흩어져 삽니다. 그들은 그들이 속하는 영적 세계의 특수하고 역설적인 법을 따라 살며, 의식주 생활 방식은 그들이 사는 지방의 관습을 온전히 따릅니다.[14] **5.** 그들은 각자 자기 조국에 살면서도 마치 나그네와 같습니다.[15] 시민으로서 모든 의무를 수행하지만, 외국인과 같이 모든 것을 참습니다. 이역異域을 그들의 조국처럼 생각하고 모든 조국이 그들에게는 이역과 같습니다. **6.** 여느 사람들처럼 그들도 결혼하여 아이를 가지지만, 아이를 버리지는 않습니다. **7.** 그들은 식탁은 모두 함께하지만, 잠자리를 함께하지는 않습니다.

8. 그들은 육신을 지니고 있으나 육신을 따라 살지는 않습니다.[16] **9.** 그들은 지상에 살고 있으나 하늘의 시민입니다.[17] **10.** 그들은 기존 법에 순종하고[18] 그들

---

[14] 필립 3,20.

[15] 에페 2,19; 히브 11,13-16; 1베드 2,11.

[16] 2고린 10,3; 로마 8,12-13.

[17] 필립 3,20; 히브 13,14.

[18] 로마 13,1; 디도 3,1; 1베드 2,13.

의 생활 방식은 법을 정복하여 완전하게 해 줍니다. **11.** 그들은 모든 사람을 사랑하지만, 모든 사람은 그들을 박해합니다. **12.** 그들은 무시당하고 단죄당하고 죽임을 당하지만, 그들은 그것으로 생명을 얻습니다. **13.** 그들은 가난하면서도 많은 사람을 부자로 만들어 주고, 가진 것이 아무것도 없지만 사실은 모든 것을 넘치게 가지고 있습니다.[19] **14.** 그들은 경멸당하지만, 그 경멸 안에 영광을 봅니다. 그들은 중상을 당하지만, 그것으로 의인이 됩니다. **15.** 그들은 능욕을 받으면서도 축복하고[20] 모욕을 당하면서도 존경합니다. **16.** 그들은 착한 일만 하는데도 큰 죄인들처럼 벌을 받고, 벌을 받으면서도 생명을 얻는 것 같이 기뻐합니다.[21] **17.** 유대인들은 그들을 마치 이방인처럼 시비의 대상으로 삼고 그리스인들은 그들을 박해합니다. 그들을 증오하는 사람들도 그 증오의 원인을 모를 것입니다.

---

[19] 2고린 6,9-10.

[20] 1고린 4,10.12-13.

[21] 2고린 6,9-10.

VI

세상의 영혼

1. 한마디로 영혼이 육신 안에 존재하듯이, 그리스도 신앙인은 세상 안에 존재합니다. **2.** 그리스도 신앙인이 세상의 모든 도시에 흩어져 살듯이, 영혼도 육신의 모든 부분에 존재합니다. **3.** 그리스도 신앙인이 세상에 살면서도 세상에 속하지 않듯이, 영혼도 육신 안에 있으면서 육신에 속하지 않습니다.[22] **4.** 보이지 않는 영혼은 보이는 육신 안에 갇혀 있습니다. 그리스도 신앙인이 세상 안에 살고 있는 것을 볼 수는 있으나 그들이 하느님께 바치는 예배는 보이지 않습니다. **5.** 육신이 자기를 해치지 않는 영혼을 미워하고 싸움을 거는 것[23]이 영혼이 육신의 쾌락 추구를 반대하기 때문인 것처럼, 세상에게 아무런 해를 주지 않는 그리스도 신앙인을 세상이 미워하는 것[24]

---

[22] 요한 15,19; 17,11-16.

[23] 갈라 5,17.

[24] 요한 15,18-19; 1요한 3,13.

은 그들이 쾌락을 추구하지 못하게 하기 때문입니다. **6.** 영혼이 자기를 미워하는 육신과 그 지체를 사랑하는 것은 그리스도 신앙인이 자기를 미워하는 사람들을 사랑하는 것과 같습니다.[25]

7. 영혼은 육신 안에 갇혀 있지만 육신을 살려 줍니다. 그리스도 신앙인도 세상이라는 감옥에 갇혀 있으면서 세상에 생명을 줍니다. **8.** 불사불멸의 영혼이 죽을 운명의 장막 안에 살고 있듯이,[26] 그리스도 신앙인 역시 하늘나라의 불멸의 운명을 기다리면서 썩어 없어질 세상 안에 살고 있습니다.[27] **9.** 영혼이 굶주림과 목마름으로 극기克己할 때 진보하듯이, 그리스도 신앙인도 박해당할 때 계속해서 증가합니다. **10.** 하느님이 그들에게 주신 지위는 그토록 고상한 것이기에 그들은 그것을 포기할 수 없습니다.

[25] 마태 5,44; 루가 6,27.

[26] 2베드 1,13.

[27] 1고린 15,50.

VII

그리스도 신앙은 계시啓示다

1. 앞서 말한 바와 같이[28] 그리스도 신앙인이 받은 유산은 그 기원이 지상에 있지 않습니다.[29] 그들이 조심해서 보존하려고 애쓰는 것은 사람들이 만들어 낸 것이 아닙니다.[30] 그들의 신앙도 심오한 인간적 진리를 알려 주는 것이 아닙니다. **2.** 전능하신 만물의 창조주, 보이지 않는 하느님 자신이 거룩하고 불가사의한 진리 자체[31]이신 말씀을 하늘로부터 사람들에게 보내시고 사람들의 마음속에 자리 잡게 해 주신 것입니다.

말씀은 구세주

사람이 흔히 생각할 수 있듯이, 하느님은 세상의 일을 맡아 관리하는 천사나, 하늘의 일을 맡아 관리

[28] V,3.

[29] 갈라 1,12.

[30] 에페 3,9; 1고린 4,1.

[31] 요한 14,6.

하는 집정관 같은 당신 신하 중 하나를 사람들에게 보내신 것이 아닙니다. 그분은 바로 이 우주의 설계자이며 건축가[32]이신 분을 보내셨습니다. 하느님은 이분을 통해서 하늘을 창조하셨고, 이분을 통해서 바다의 경계를 정하셨습니다.[33] 우주 만물은 이분이 만드신 신비한 법칙을 충실히 지키고 있습니다. 해가 하루에 한 번씩 떴다가 지는 것도 그분이 주신 규칙이고, 달이 밤을 비추는 것도 그분에게 순종하는 것이며, 달을 동반하는 별들 또한 그분에게 순종하고 있습니다. 하늘과 하늘에 있는 모든 것, 땅과 땅 위에 있는 모든 것, 바다와 그 바다 속에 있는 모든 것, 불 · 공기 · 심연 · 하늘나라 · 이 세상, 또 그 중간 지대, 이런 모든 것이 그분으로부터 배치되었고, 질서 지어졌으며, 한계 지어진 것입니다. 하느님은 바로 그분을 사람들에게 보내신 것입니다.

3. 그것은 인간의 두뇌가 쉽게 상상할 수 있는 압박이나 폭력 행사나 공포를 위해서가 아니었습니다.

---

[32] 히브 11,10.

[33] 시편 104,9; 잠언 8,27-29; 욥기 26,10; 38,8-11.

4. 마치 왕이 그 아들 왕을 파견하듯이,[34] 하느님은 같은 하느님이신 그분을 폭력으로써가 아니라, 온유하고 관대한 권유로써[35] 사람들을 구하시고자 파견하셨습니다. 하느님에게 폭력은 없습니다. **5.** 하느님은 우리를 비난하기 위해서가 아니라, 당신에게로 우리를 부르기 위해 그분을 보내셨습니다. 우리를 심판하기 위해서가 아니라 우리를 사랑하시기 때문에 보내신 것입니다.[36] **6.** 어느 날 하느님은 심판하러 그분을 보내실 터인데 누가 그 심판을 감당할 수 있겠습니까?[37]

순교자들의 증거

7. 주님을 배신하게 하려고 신앙인들을 야수에게 던지지만, 그들이 배신하지 않는 것을 귀하는 보지 않으셨습니까? **8.** 귀하는 순교자를 많이 내면 낼수록 다른 한편으로 그리스도 신앙인이 늘어나는 사실

[34] 마태 21,37.

[35] 2고린 10,1.

[36] 요한 3,17.

[37] 말라 3,2.

도 보지 않으셨습니까? **9.** 이런 일은 사람이 하는 일이라고 생각할 수 없습니다. 그것은 하느님의 권능이 하시는 결과이며 그분이 이 세상에 오셨다는 사실을 증명하는 것입니다.

VIII

철학의 무력함

1. 하느님이 스스로 오시기 전에 그분이 어떤 분인지를 안 사람이 있었습니까? **2.** 물론 허황되고 어리석은 철학자들의 미사여구를 들 수는 있습니다. 그중 어떤 이는 하느님을 불이라고 말하였습니다.[38] 그들은 불에 던져질 운명이기에 불을 하느님이라 부른 것입니다. 다른 이들은 하느님을 물이라 하거나,[39] 하느님으로부터 창조된 요소들의 하나를 하느님이라 떠들고 있습니다. **3.** 이런 가르침 중에서 하나를

[38] 헤라클레이토스(Heracleitos. 기원전 약 540~480년)의 주장.

[39] 탈레스(Thales. 기원전 7세기 말~6세기 초)의 주장.

인정한다면 다른 피조물들도 각자 똑같이 하느님이라는 칭호를 받을 수 있을 것입니다. **4.** 그러나 이런 말들은 모두 야바위꾼의 이야기거나 거짓말에 불과합니다. **5.** 인간은 아무도 하느님을 보지도, 알지도 못하였으나,[40] 하느님이 스스로 당신 자신을 나타내셨습니다. **6.** 하느님을 뵐 수 있는 특권을 주는 유일한 길인 신앙 안에 당신 스스로를 나타내셨습니다.

구원 경륜

7. 만물을 만들고 거기에 질서를 주신 우주의 주인이며 창조자이신 하느님이 크신 사랑뿐 아니라 인내로, 사람을 위해 당신 스스로를 나타내 보이셨습니다.[41] **8.** 그분은 과거에도 현재에도 미래에도 도움을 주시는 분, 선하고 온유하신 분, 참되신 분이며, 홀로 그분만이 선하십니다.[42] **9.** 하느님은 말할 수 없이 위대한 계획을 세우고 그 계획을 당신의 아들에게만 알려 주셨습니다. **10.** 하느님이 그 계획을 비밀로 하

---

[40] 루가 10,22; 요한 1,18.

[41] 로마 2,4.

[42] 마태 19,17; 마르 10,18; 루가 18,19.

고 계시는 동안 그분이 우리를 소홀히 하신 것 같았고, 우리에 대해 관심을 가지지 않으신 것처럼 보였습니다. **11.** 그러나 하느님이 당신이 사랑하시는 아들[43]을 통해서 처음부터 준비하신 바를 나타내시자[44] 우리는 그 은혜를 받았고, 보고 알아듣는 모든 혜택을 동시에 받게 된 것입니다.[45] 우리가 이런 일을 생각이나 하였겠습니까?

IX

왜 이렇게 늦었나?

1. 하느님은 당신 아들과 함께 이미 이 모든 것을 준비하셨지만, 마지막 시기에 이르기까지 우리가 쾌락과 욕정의 종이 되어 무질서한 충동을 따라 멋대로 사는 것[46]을 보고 참으셨습니다. 그것은 우리가

[43] 마태 3,17; 17,5.

[44] 에페 3,9; 갈라 4,4-5.

[45] 로마 8,32.

[46] 디도 3,3.

죄짓는 것을 보시며 짓궂게 그것을 좋아하셔서가 아니라, '악'이 인간을 지배하는 것을 허락하시지 않으면서 다만 참고 견디셨기 때문입니다. 오히려 이 첫 번 시기에 있어 우리의 행업行業이 우리가 받은 생명의 가치를 상실하게 한다는 사실이 입증되자, 하느님은 우리 생명이 하느님의 선하심을 힘입어 고귀한 것이 되도록 하시려고, 또 우리가 우리 힘으로 하느님 나라에 들어갈 수 없다는 사실이 드러나자,[47] 하느님의 권능을 힘입어 하느님 나라에 들어갈 수 있도록 하시기 위해,[48] 하느님은 의로움이 지배하는 현재의 시기를 마련하셨습니다. **2.** 우리의 타락이 절정에 이르고 또한 그로 말미암아 기대되는 대가가 형벌과 죽음밖에 없다는 사실이 충분히 드러났을 때, 하느님이 당신의 선하심[49]과 권세를 나타내려고 정하신 때가 결국 다가왔습니다.[50]

[47] 요한 3,5.

[48] 로마 3,25-26.

[49] 디도 3,4.

[50] 갈라 4,4.

하느님은 우리를 미워하지도 버리지도 않으셨고, 또 원한을 품지도 않으셨습니다. 오히려 그분은 오랫동안 우리를 참고 견디셨습니다. 우리를 불쌍히 여기시어 우리의 죄를 당신 스스로 맡아 짊어지셨습니다.[51] 하느님은 당신의 아들을 우리의 대속물代贖物로 주셨습니다.[52] 즉, 죄인들을 위해 거룩하신 분을, 악인들을 위해 결백하신 분을, 불의한 사람들을 위해 의로우신 분을,[53] 부패한 사람들을 위해 불변하시는 분을, 죽을 사람들을 위해 불멸하시는 분을 대속물로 내어 주셨습니다. **3.** 하느님의 의로움이 아니면 무엇이 우리의 죄를 덮어 줄 수 있겠습니까?[54] **4.** 죄만 짓는 부덕한 우리가 하느님의 아들에 의해서가 아니면 누구의 덕으로 의로워질 수 있겠습니까?[55]

5. 아아! 얼마나 감미로운 교환交歡이며 또 얼마나

---

[51] 이사 53,11; 53,4.

[52] 로마 8,32; 1디모 2,6; 마태 20,28; 마르 10,45.

[53] 1베드 3,18.

[54] 1베드 4,8; 야고 5,20.

[55] 로마 3,25.

이해하기 어려운 일입니까![56] 아아! 얼마나 예상 밖의 큰 은혜입니까! 많은 사람의 죄악이 단 한 분의 의로우심 안에 묻혀 버렸고, 단 한 분의 의로우심이 많은 죄인을 의인으로 만들어 줍니다.[57] **6.** 하느님은 과거에는 우리 본성의 무능함이 생명을 얻지 못한다는 사실을 깨닫게 해 주셨고, 현재는 우리에게 불가능하던 구원을 줄 권능을 가진 구세주를 나타내 보이셨습니다. 하느님은 이 두 가지 방법으로 우리가 무엇을 입고 무엇을 먹을까 걱정하는 대신, 하느님의 선하심을 믿고 그분 안에 양식을 주시는 분, 아버지 · 스승 · 조언자 · 의사 · 인식 · 빛 · 명예 · 영광 · 힘 · 생명 등을 발견하기를 원하셨습니다.[58]

---

[56] 로마 11,33; 에페 3,8.

[57] 로마 5,17-19.

[58] 마태 6,31; 루가 12,29.

X

회두의 권유

1. 귀하도 이 신앙을 열렬히 원하고 받아들인다면, 하느님이 아버지라는 사실을 차츰 알아듣게 될 것입니다.

우주 안에서 인간의 위치

2. 하느님이 사람들을 사랑하셔서[59] 사람을 위해 이 세상을 창조하셨습니다. 지상의 만물을 사람들에게 복종하도록 하셨고,[60] 사람에게는 이성과 예지를 주셨습니다. 사람만이 시선을 하늘로 향할 수 있도록 하셨고, 하느님의 모상으로 만드셨습니다.[61] 당신의 외아들을 그들에게 보내셨으며,[62] 그분을 사랑하는 사람들에게는 하늘나라를 약속하셨습니다.

---

[59] 요한 3,16.

[60] 창세 1,26-30.

[61] 창세 1,26.

[62] 요한 3,16.

3. 귀하도 그분을 알게 되면 얼마나 큰 기쁨이 귀하의 가슴을 채울 것인지 생각해 보십시오! 귀하를 이렇게 먼저 사랑하신[63] 그분을 귀하는 얼마나 사랑하겠습니까? **4.** 귀하도 하느님을 사랑하면, 하느님의 선하심을 본받게 될 것입니다.[64] 사람이 하느님을 본받게 된다는 말에 놀라지 마십시오! 그것은 가능한 일이며 또 하느님이 원하시는 일입니다. **5.** 이웃을 탄압하며 약한 자를 짓밟고, 재산을 축적하며, 아랫사람들에게 폭력을 사용하는, 그런 짓이 사람을 행복하게 해 주지 않습니다. 그런 짓을 하며 하느님을 본받는 것도 아닙니다. 오히려 그런 행위들은 하느님의 위엄 안에는 없습니다. **6.** 그러나 이웃의 짐을 자기가 대신 지는 사람,[65] 자기의 처지가 다른 사람의 것보다 더 나은 경우에 자기보다 못한 처지에 있는 사람에게 혜택을 베푸는 사람, 자기가 하느님으로부터 받은 것을 이웃이 필요로 할 때 기꺼이 내

[63] 1요한 4,19.

[64] 에페 5,1.

[65] 갈라 6,2.

주는 사람, 이런 사람들은 그 혜택을 받는 사람들 앞에서 하느님의 역할을 하는 것이며, 이런 사람들이야말로 진실로 하느님을 본받는 이들입니다.

순교와 지옥

7. 귀하가 참된 의미의 생명이 무엇인지 알고, 이 세상이 소위 죽음이라 부르는 것을 겁내지 않고, 참다운 죽음, 곧 결정적으로 버림받는 이들이 받는 영원한 불의 형벌을 두려워할 줄 알게 되면, 그때 비로소 귀하는 지상에 살면서 천상의 하느님을 관상觀想하는 것이며, 또 하느님의 신비에 대해서도 말하기 시작할 것입니다. 그때 비로소 귀하는 하느님을 배신하지 않기 위해 형벌을 참아 받는 사람들을 사랑하고 찬양하게 될 것이며, 세상의 악함과 그 잘못을 지적할 수 있게 됩니다. **8.** 만일 귀하가 다른 세상의 이 불에 대해 알게 된다면, 의로움을 위해 이 세상의 불을 참아 견디는 사람들을 찬양하고 그들을 복된 이들이라고 말하게 될 것입니다.[66]

---

[66] 이 부분의 원본이 파손되었다고 사본에 기록되어 있다.

XI

말씀의 계시

1. 저의 말이 이상하게 들리고 제가 역설적인 것을 찾고 있는 것처럼 보일지 모르겠으나, 저는 사도들의 가르침에 충실한 사람이며, 이 세상 모든 사람을 가르칠 선생이라고 자처합니다. 저는 진리 자체이신 분의 제자가 되고자 하는 사람들에게 전승된 바를 있는 그대로 전수해 줍니다. **2.** 말씀의 은혜로 제대로 배우고 다시 태어난 사람으로서, 말씀이 제자들에게 분명하게 가르친 것을 모두 배우기로 힘쓰지 않을 사람이 어디에 있겠습니까? 말씀이 이 세상에 나타나셨을 때 모든 사람에게 밝히 말씀하셨지만, 불신자들은 알아듣지 못하였고 제자들은 그분을 믿음으로써 하느님 아버지에 대한 신비를 배웠습니다. **3.** 말씀은 이것을 위해 파견되어 이 세상에 나타나셨으며, 그분 백성은 그분을 버렸지만, 사도들은 그분을 설교하였고, 세상 사람들은 그분을 믿게 되었습니다. **4.** 태초부터 계셨던 분이[67] 새로 생긴 분같이 나타났고, 옛날부터 계신 분으로 인식되었으며, 성

인들의 마음속에는 지금도 항상 젊게 다시 태어나고 계십니다. **5.** 영원하신 분이면서 오늘 아들로 인정되신 것입니다.[68]

교회

그분으로 말미암아 교회는 풍요로워지고, 은총은 널리 전파되며, 성인들이 이해를 도와주고, 신비를 나타내 보이며, 시간의 배치를 계시해 줍니다. 교회는 신자들로 말미암아 기뻐하고, 신앙의 규범을 지키면서 선조들이 세운 경계를 범하지 않고, 교회를 찾는 사람들을 언제든지 받아들입니다. **6.** 자, 보십시오. 율법은 경외되었고, 예언자들의 은총은 인정되었으며, 복음서들에 대한 신앙은 굳어지고, 사도들로부터 전해진 전승은 보존되었으며, 교회가 지닌 은총은 용약하며 퍼져 나갑니다. **7.** 이 은총을 경멸하지 마십시오. 그러면 말씀이 원하실 때, 그 원하시는 사람을 통해서 계시하시는 신비를 귀하가 알게

[67] 1요한 1,1; 2,13-14.

[68] 시편 2,7.

될 것입니다. **8.** 우리는 말씀이 우리에게 명하시는 바를 따라 여러분을 위해 성의껏 설명하였고, 우리가 받은 계시에 대한 사랑으로 여러분과 함께 일치되어 있습니다.

XII

참다운 지식

1. 가까이 다가와 양순하게 귀 기울이십시오. 그러면 하느님이 진정으로 사랑하는 사람에게 알려 주시는 바를 귀하도 듣게 될 것입니다.[69] 그것은 행복한 낙원에 비할 수 있습니다. 그들 안에는 열매 가득 달린 나무가 힘찬 생명력으로 뻗어 나가고 있으며, 풍부한 열매가 그들을 덮어 장식하고 있습니다. **2.** 바로 여기에 '지식의 나무' · '생명의 나무'가 심긴 것입니다. 그러나 이 지식의 나무가 사람을 죽이는 역할

---

[69] "눈이 본 적도 없고 들은 적도 없으며 사람의 마음속에 떠오른 적도 없는 것들을 하느님은 당신을 사랑하는 이들에게 마련해 두셨도다"(1고린 2,9; 집회 1,10 참조).

을 한 것이 아니었습니다. 사람을 죽이는 것은 불순종입니다. **3.** 하느님이 맨 처음에 낙원 한가운데 지식의 나무와 생명의 나무를 심으셨다고[70] 기록된 것은 무의미한 것이 아니라, 생명으로 나아가는 길이 지식이라는 사실을 보여 주기 위해서였습니다. 이것을 잘못 이용한 첫 번 사람들은 뱀의 속임수에 빠져 알몸이 되고 말았습니다.[71] **4.** 지식이 없으면 생명이 없고, 참다운 생명이 없으면 분명한 지식이 있을 수 없습니다. 그러므로 두 나무는 서로 나란히 심긴 것입니다. **5.** 사도는 이런 의미를 잘 알았기에 진리가 주는 생명의 계명에 순종할 줄 모르는 지식에 대해 비난하면서 이렇게 말하였습니다. "지식은 교만하게 하지만 사랑은 건설합니다."[72] **6.** 생명이 증언해 주는 참다운 지식을 가지지 못하면서 무엇을 안다고 믿는 사람은 사실 아무것도 모르는 사람입니다. 그는 생명을 사랑하지 않았기에 뱀에게 속았습니다. 그러나 경외심을 동반한 지식이 있고 생명을 열렬하

[70] 창세 2,8-9.

[71] 창세 3,7.

[72] 1고린 8,1.

게 추구하는 사람은 희망 안에 나무를 심고 열매를 맺을 것이 틀림없습니다.

마지막 권고

7. 귀하의 마음속에 이 지식이 식별되고 또 귀하 안에 받아들여진 진리의 말씀이 귀하의 생명이 되기를 비는 바입니다. **8.** 만일 이 나무가 귀하 안에서 자라고 귀하가 그 열매를 원하신다면, 하느님으로부터만 받을 수 있는 것을 그 나무에서 얼마든지 얻을 수 있을 것입니다. 그 열매는 뱀이 건드릴 수도 없고 어떤 속임수로 해칠 수도 없습니다. 하와는 속지 않고 동정녀로서 자기의 신앙을 선포합니다.[73] **9.** 구원은 주어졌고 사도들은 그것을 알아보았습니다. 주님의 파스카는 가까웠고,[74] 구원의 시간은 성취되어 가고

---

[73] 이 작품 중 가장 이해하기 어려운 문장이다. 사본을 만든 사람도 이 구절 옆에다 자기의 소감을 다음과 같이 기록하고 있다. "이 저자는 하와가 유혹에 떨어지지 않았고 동정녀라 말하지만, 하와는 분명히 유혹에 빠졌고, 그 불순종에 대한 합당한 벌을 받았다. 그는 참으로 유혹에 빠졌던 것이다." 이 구절에 대한 주석가들의 의견은 다양하지만, 대개 하와를 동정 마리아에 대한 비유로 보거나 교회에 대한 비유로 이해하려 한다.

있습니다. 우주 안에 조화를 설정하신 말씀은 성인들을 가르치고 계십니다. 아버지께서는 그분을 통해서 영광을 받으십니다. 아버지께 영원한 영광이 있기를 빕니다. 아멘.

[74] 여기서 주님의 파스카는 부활 축일을 말하는 것이 아니고, 1고린 5,7에서와 같이 구세주 그리스도를 의미한다.